AF453683

SECOND ALPHABET

OU
LIVRE DE LECTURE

faisant suite

AU PREMIER ALPHABET ET AUX TABLEAUX DE LECTURE

PAR PLUSIEURS INSTITUTEURS

Auteurs de la Grammaire et de l'Arithmétique des Enfants, etc.

NOUVELLE ÉDITION

Prix : 30 cent.

PARIS

LIBRAIRIE CH. DELAGRAVE

15, rue Soufflot, 15.

CAEN

CHÉNEL, Libraire,
Rue Saint-Jean, n° 16

D le VILLAIN, Libraire,
Rue de Strasbourg, n° 4.

DES MÊMES AUTEURS :

LECTURE.

Premier Alphabet à l'usage des commençants — 10 cent.
Second Alphabet . . . . — 30 cent.
Tableaux de lecture (20 sur demi-raisin) . — 1 FR. 50

ÉCRITURE.

Neuf feuilles de 8 modèles ; chaque feuille. . . . . . — 10 cent.

ORTHOGRAPHE ET GRAMMAIRE.

Petit recueil de mots usuels, ou Premiers
Exercices d'orthographe et de grammaire ; in-12 — 30 cent.
Grammaire des enfants, avec exercices en
regard du texte, et modèles d'analyse. . . . . . . — 60 cent.
Exercices orthographiques ; in-12. . . — 1 fr. 50
La 1re ou la 2e partie séparément . . . . — 80 cent.
Cours de dictées, suivies de nombreux exer-
cices de style ; fort in-12 de 400 pages. . . . . . — 2 fr. »
Recueil complet de mots usuels, cart. — 80 cent.
Grammaire française complète, fai-
sant suite à la *Grammaire des enfants* . . . . . . — 1 fr. 10
Exercices français et sujets de lettres ; in-12 — 1 fr. 25
La 1re partie séparément, 50 centimes ; la 2e . . . . — 85 cent.
Corrigé des exercices français. . . . — 1 fr. 50

CALCUL ET ARITHMÉTIQUE

Premiers exercices de calcul sur la numération
et les 4 règles, avec de nombreux problèmes . . . . — 30 cent.
Corrigé des exercices de calcul (rép.) — 40 cent.
Arithmétique des enfants, ou Cours de calcul.
sur quatre règles et le système métrique. . . . . . — 60 cent.
Partie du Maître de l'Arithmétique des enfants . — 80 cent.
Arithmétique élémentaire, renfermant de nombreuses
applications sur le système métrique, le toisé, etc. — 1 fr. »
Partie du Maître de l'Arithmétique élémentaire . — 1 fr. 60
Supplément à l'Arithmétique élémentaire. . . . . — 30 cent.
Partie du Maître du Supplément . . . . — 40 cent.
Tableaux d'arithmétique . . . . — 50 cent.
Petit Tableau des poids et mesures. . . . — 2 fr. »
Le même collé sur toile, avec gorge et rouleau. . . — 5 fr.
Grand tableau des poids et mesures . — 10 fr.

GÉOGRAPHIE ET HISTOIRE.

Atlas-Géographie n° 1 (Départements) *Calvados,
Manche, Eure, Orne, Sarthe, Seine-Inférieure, etc.*) . . — » 60
Atlas-Géographie n° 2 (France et pays vois., etc.) — 1 30
Atlas-Géographie n° 3 (Les 5 part. du m. et cosm.) S. *pr.*
Petite Histoire sainte par dem. et rép. in-18 — 50 cent.
Petite Histoire de France, nouv. édition — 75 cent.

AVERTISSEMENT.

Quand les enfants ont parcouru le premier syllabaire et les tableaux de lecture, ils ne sont généralement aptes qu'à rassembler, avec assez de peine, les divers éléments qui composent les syllabes les plus employées.

L'expérience nous a prouvé que le moyen le plus simple, le plus sûr et le plus expéditif tout à la fois d'amener les enfants à lire couramment, c'est de continuer à leur mettre sous les yeux des mots divisés en syllabes, jusqu'à ce qu'ils énoncent assez rapidement ces syllabes pour comprendre ce qu'ils lisent.

On trouvera donc, dans ce petit livre, un grand nombre d'exercices d'épellation, destinés à familiariser les élèves avec les formes les plus diverses du langage usuel. Les enfants devront lire et relire chacune des leçons de ce second syllabaire, jusqu'à ce qu'ils commencent à saisir le sens des phrases qui leur passeront sous les yeux.

Dans la première partie, les lettres *nulles* sont en *italiques*; l'élève se rappellera qu'on ne les prononce point. Quant aux syllabes, elle se trouvent séparées par des tirets au commencement de l'ouvrage, mais elles se rapprochent insensiblement à mesure que l'on avance vers la fin.

Après avoir débuté par quelques petites phrases très simples accompagnées de notes ou remarques sur la lecture, nous donnons des préceptes religieux et moraux, des règles de conduite présentées sous la forme attrayante et simple de la conversation et appuyées de la force de l'exemple, c'est-à-dire une civilité en action suivie des traits les plus frappants de la Bible. Nous terminons par les premières connaissances.

On reconnaîtra que notre but, ici comme ailleurs, est toujours d'instruire les enfants en les moralisant; de former leur cœur en même temps que leur jugement, et de leur faire aimer la religion et la vertu, seules capables de faire le bonheur de l'homme.

Tout exemplaire de cet ouvrage non revêtu de la signature de l'éditeur sera réputé contrefait.

Procédés à suivre dans chaque Leçon.

1° Épeler à haute voix chaque syllabe ou chaque groupe de syllabes ;

2° Lire à haute voix (sans épeler) jusqu'à la fin de la ligne ou jusqu'à la rencontre d'un signe de ponctuation ;

3° (Livre fermé.) Épeler à haute voix un mot, une portion de phrase ou une phrase entière.

Nota. Le moniteur et le maître auront soin d'expliquer les règles de lecture sur le tableau noir ou sur le livre. Même observation relativement aux termes incompris des élèves.

Lecture courante. — Remarque importante.

Dès que les élèves commencent à lire couramment, nous recommandons, à l'exemple d'un des membres les plus éminents de l'Université, de leur adresser de nombreuses questions sur la leçon du jour. — Supposons que l'on vienne de lire la page 25 du présent volume, *le Lever de l'enfant*. Le Maître dira : *Qui est-ce qui se lève de bonne heure? R. Albert. — Quand se lève-t-il de bonne heure? R. Tous les matins. — Se fait-il prier? — Non, monsieur, sa maman ne l'appelle jamais deux fois. — Pourquoi ne se fait-il pas prier? — Parce qu'il sait que la paresse est un vilain défaut. — Citez un vilain défaut. — La paresse. — Pourquoi la paresse est-elle un vilain défaut? — Parce qu'elle nous empêche de remplir nos devoirs*, etc. Cet excellent exercice est un des meilleurs moyens que l'on puisse employer pour développer l'intelligence naissante des enfants, leur inspirer le goût de la lecture et hâter, par conséquent, leurs progrès.

ALPHABET USUEL.

a b c d e f — g h i j k l

A B C D E F — G H I J K L

m n o p q r s t u v x y z

M N O P Q R S T U V X Y Z

CHIFFRES.

1, 2, 3, 4, 5, 6, 7, 8, 9, 10

un, deux, trois, quatre, cinq, six, sept, huit, neuf, dix.

SECOND ALPHABET

PHRASES A LIRE

1. J'ai-me bien pa-pa.
2. Je ché-ri*s*[1] ma-man.
3. Ce son*t* mes[2] pa-ren*ts*.
4. Je sui*s* leur en-fan*t*.
5. Pa-pa tra-vail-le pour moi[3].
6. Ma-man gui-de mes[2] pa*s*.
7. El-le me con-so-le
    quan*d* je pleu-re.
8. El-le me soi[3]-gne
    quan*d* je sui*s* ma-la-de.
9. Je pri*e*-rai le bon Dieu
10. pour me*s* cher*s* pa-ren*ts*.

---

1. Les lettres *couchées* sont nulles. On ne les prononce point
2. Prononcez *mè, tè, sè.* — 3. Prononcez *moa, toa, soa,* etc.

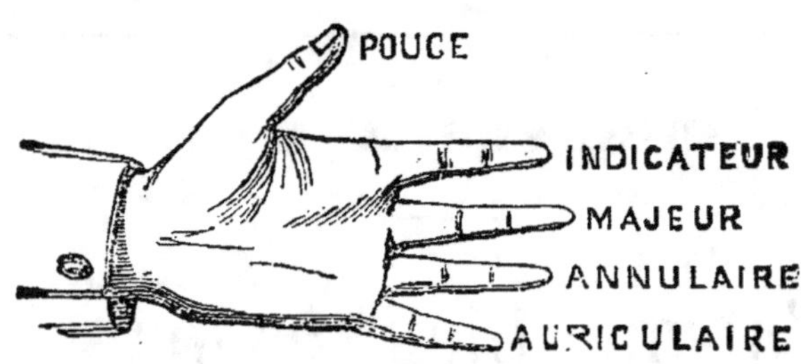

Le pre-mier doi*gt* de la main
se nom-me le pou-ce.
Le se-con*d*, l'in-di-ca-teur.
Le troi-siè-me, le ma-jeur.
Le qua-tri-è-me, l'an-nu-lai-re.
Le cin-quiè-me, l'au-ri-cu-lai-re
A quoi ser-ve*nt* les doi*gts*? —
A pren-dre les objets[2],
à se nour-rir et à tra-vail-ler.

---

1. *S* entre deux voyelles se prononce comme *z*.

Les voyelles sont *a, e, i, o, u, y*. Les autres lettres sont des consonnes.

2. Le signe indique les liaisons les plus importantes. — (On fait la liaison quand le premier mot finit par *s* ou *t*, ou une autre consonne et que le suivant commence par une voyelle).

Je ne suis qu'un en-fan*t*.
Je ne puis ga-gner[1] ma vie.
C'es*t* pa-pa et ma-man
qui me nour-ris-se*nt*.
Il*s* m'en-voient à l'é-co-le
a-fin que je m'in-strui-se[2],
que je de-vien-ne sa-ge
et que j'ap-pren-ne à o-bé-ir.
O mon Dieu[3],
con-ser-vez mes pa-rents,
don-nez-leur la san-té,
et à moi la sa-ges-se
et la do-ci-li-té.

---

1. *er* = *é*. — 2. *s* = *z*. — 3. Prononcez *Di-eu*, comme si le mot formait deux syllabes. Lisez de même *dia*, *dié*, *dio*, *dian*; *nia*, *nié*; *tia*, *tié*, *tié*, etc.

Un en-fan*t* bien_é-le-vé
fai*t* sa pri-è-re du ma-tin.
Il s'*h*a-bil-le prom*p*-te-ment,
puis_il pré-pa-re ses le-çon*s*
et se rend_à l'é-co-le[1]
sans jou-er ni s'ar-rê-ter.
Quan*d* le soir es*t* ve-nu,
a-van*t* de s'en-dor-mir,
il de-man-de au bon Dieu
le par-don de ses fau-tes
et pri*é* pour ses pa-rents.
Ai-mons-nousles_unsles_autres.
Qui-con-que fai*t* pleu-rer
son frè-re ou sa sœur,
es*t*_un mé-chan*t*_en-fant,
que Dieu pu-ni-ra tôt_ou tar*d*.

---

[1] Prononcer *se ran* ta *l'école :* le *d* équivaut à un *t*.

Ou-tre leurs pa-rents,
les pe-tits gar-çons
et les jeu-nes fil-les
ché-ris-sent leurs maî-tres
et leurs maî-tres-ses.
Dieu nous les don-ne
pour te-nir la pla-ce
de nos chers pa-rents.
Nous de-vons leur o-bé-ir,
les res-pec-ter et les‿ai-mer
de tout no-tre cœur.
Ce sont nos meil-leurs‿a-mis.
S'ils nous grondent par-fois,
c'est pour no-tre bien,
a-fin de nous ren-dre sa-ges,
bons‿et ver-tu-eux[1].

---

1. Ne pas oublier que le signe‿indique les liaisons à faire.

Si je suis bien sa-ge,
et que j'é-tu-di*e* bien,
je se-rai ré-com-pen-sé.
Pa-pa se-ra con-ten*t* de moi;
il me don-ne-ra des‿i-ma-ge*s*.
Ma-man m'em-bras-se-ra.

J'i-rai me pro-me-ner[1]
et j'au-rai de temps‿en temps
des bon-bons‿et des gâ-teaux.

En tra-vail-lant beau-cou*p*,
on ga-gne de beau*x* pri*x*
à l'é-co-le et à l'é-gli-se;
on rem-plit ses de-voir*s*
et l'on plaît‿au bon Dieu,
qui nous‿a mis‿en ce mon-de
pour le ser-vir et pour l'ai-mer[1].

---

[1]. *er* = *é*. Ne pas oublier de faire les liaisons indiquées.

Les pe-tits gar-çons
por-ten*t* des pan-ta-lon*s*.
Les pe-ti-te*s* fil-les
on*t* des ju-pons ou des ro-bes.
Les uns et les au-tres
ont des bon-nets et des cha-peau*x*,
ou de jo-lie*s* cas-quet-te*s*,
et des mou-choirs et des bas,
et des sou-lier*s* ou des bot-ti-ne*s*.
Ce sont là les vê-te-ments.
Ils ser-vent à nous cou-vrir,
à nous pré-ser-ver du froid
ou de l'ex-trê-me cha-leur.
Il ne fau*t* pas les sa-lir
ni sur-tou*t* les dé-chi-rer
mais en pren-dre très grand soin
pour les con-ser-ver long-temps.

J'ai vu le beau so-leil.
Il s'est le-vé ce ma-tin
du cô-té de l'o-rient.
Il des-cen-dra ce soir
du cô-té de l'oc-ci-dent.
C'est lui qui nous é-clai-re
et qui é-chauf-fe la ter-re.
Il fait pous-ser les fleurs;
il fait mû-rir les fruits.
Sans le so-leil,
il fe-rait tou-jours nuit,
nous au-rions tou-jours froid.
La ter-re ne pro-dui-rait rien;
nous ne pour-rions vi-vre.
Qui a fait ce bel astre?
C'est le bon Dieu.
Nous de-vons bien l'ai-mer.

Lé-on est un en-fant po-li;
il ré-pon*d* tou-jours :
oui, mon-sieu*r*; non, ma-da-me.
Il ô-te sa cas-quet-te
et sa-lu*e* a-vec grâ-ce
les per-son-ne*s* qu'il ren-con-tre.
Il ne di*t* ja-mai*s* d'in-ju-re*s*
à ses ca-ma-ra-de*s*.
Il ne leur jet-te pas de pier-res
et ne leur fait au-cun mal.
Lé-on est l'en-fant ché-ri
de tous ceux qui le con-nais-se*nt*.
Sa ma-man le con-dui*t*
dans les meil-leu-re*s* so-cié-tés,
Et par-tout on le re-çoit [1]
a-vec le plus grand plai-sir.

---

1. Prononcez : *par tou* ton le reçoi tavec.

A quoi ser*t* la lu-ne?
à nous_é-clai-rer pendant la nuit.
A quoi ser-ve*n*t les é-toi-le*s* ?
à nous mon-trer la puis-san-ce,
la sa-ges-*se* et la bon-té de Dieu.
C'est Dieu, en_ef-fet,
qui a fait tous les_as-tre*s*.
C'est lui qui nous don-ne
le vi-vre et le cou-vert.
Il veil-le sur nous
com-me le meil-leur pè-re
sur ses_en-fants ché-ri*s*.
Oh ! que Dieu est bon !
qu'il a grand soin de nous !
et que nous se-rions_in-grats
si nous ne l'ai-mions point
et que nous l'ou-bli-as-sio*n*s!

So-phie est bien‿o-bé-is-san-te.
Aus-si-tôt que son pa-pa,
sa ma-man ou sa maî-tres-se
lui com-man-de*nt* quel-que chose,
au lieu de mur-mu-rer,
el-le le fait sur-le-cham*p*,
Au-cun soin ne l'ar-rê-te,
ni le jeu ni ses pou-pée*s*.
Jus-qu'à ce jour,
on n'a ja-mais‿eu[1] la pei-ne
de l'ap-pe-ler deux fois de sui-te.
Que sa ma-man est‿heu-reu-se !
et com-bien‿el-le dé-si-re
que ses pe-tits gar-çons
et tous ceux de ses voi-sins
res-sem-blent‿à So-phie !

---

1. *Eu* = *u* dans *j'eus*, tu *eus*, nous *eûmes*, vous *eûtes*, ils *eurent*

Voy-ez cet-te pe-ti-te fleur :
c'est l'hum-ble vi-o-let-te.
Qu'el-*le* est jo-lie
et qu'el-le sent bon !
Qui la fait ain-si croî-tre ?
C'est le bon Dieu.
Voy-ez ces fruits char-mants:
ce sont des poi-re*s* et des pêche*s*.
Qui nous les a don-nés ?
C'est aus-si le bon Dieu.
Le bon Dieu a tout fait.
Il a cré-é l'u-ni-vers;
il gou-ver-ne le mon-de
et nous com-ble de biens.

Dieu nous a faits
pour le con-naî-tre et le ser-vir
a-fin de mé-ri-ter le ciel.

Il nous or-don-ne :
1^{mt} De l'a-do-rer et de l'ai-mer;
2^{mt} De ne pas ju-rer en vain;
3^{mt} De tra-vail-ler six jours
  et de sanc-ti-fier le sep-tiè-me;
4^{mt} D'ho-no-rer nos parents;
5^{mt} De ne frap-per per-son-ne;
6^{mt} De fuir les mau-vais su-jets;
7^{mt} De ne point vo-ler;
8^{mt} De ne ja-mais men-tir,
  mê-me pour s'ex-cu-ser;
9^{mt} De ne point for-mer
  de mau-vais dé-sirs ;
10^{mt} De ne point con-voi-ter
  le bien d'au-trui.

Si nous ob-ser-vons
les com-man-de-ments de Dieu,
nous fai-sons le bien.
Si nous les trans-gres-sons[1]
nous fai-sons le mal[2].
Ceux qui font le bien
se-ront ré-com-pen-sés
en cet-te vie et en l'au-tre.
Ceux qui font le mal
se-ront pu-nis sé-vè-re-ment.
Ain-si le veut la jus-tice.
O mon Dieu,
ac-cor-dez-moi la grâ-ce,
tout pe-tit que je suis
de rem-plir mes de-voirs
com-me vous l'or-don-nez.

Questions sur la leçon.

1. C'est-à-dire si nous ne les observons pas.
2. *s* entre deux voyelles = z; *faisons* = *faizons*.

La tê-te et le vi-sa-ge,
les mains et les pieds,
voi-là les par-ties du *corps*
qu'il faut a-voir soin
de te-nir bien pro-pres.
Point de peur de l'eau :
la-vons-nous fré-quem-ment
les mains et le vi-sa-ge
Mais gar-dons-nous bien,
quand il fait très chaud
et que nous su-ons,
de boi-re de l'eau froi-de
ou de nous pla-cer
dans un cou-rant d'air frais.
Nous pour-rions y ga-gner
u-ne gra-ve ma-la-die[1].

---

[1] Quand on est pressé par la soif, il faut du moins prendre la pré-caution de faire séjourner quelque temps le liquide froid dans la bouche.

Le frè-re de mon pè-re
et ce-lui de ma mè-re
sont mes on-cles.
La sœur de mon pè-re.
et cel-le de ma mè-re
sont mes tan-tes.
Les en-fants de mes oncles
et ceux de mes tan-tes
sont mes cou-sins[1]
ou mes cou-si-nes[1].
Paul est le ne-veu de son on-cle.
Es-ther est la niè-ce de sa tan-te.
Voi-là ce qu'on ap-pel-le
les de-grés de pa-ren-té.

Questions sur la leçon : Quels sont vos oncles ? Quelles sont vos tantes ? Vos cousins ? etc.

---

1. *s* entre deux voyelles $=$ **z.** Se rappeler que les voyelles sont *a, e, i,* **o, u, y**

Nous som-mes dans l'en-fan-ce.
A quin-ze ans,
com-men-ce l'a-do-les-cen-ce.
A vingt␣ans,
com-men-ce-ra la jeu-nes-se.
En-sui-te vien-dra l'â-ge mûr,
et en-fin la vieil-les se.
La vie *h*u-mai-ne
se di-vi-se donc en cin*q* par-ties :
l'en-fan-ce et l'a-do-les-cen-ce,
la jeu-nes-se,
l'â-ge mûr et la vieil-les-se.
Si tous les␣hom-mes [1]
é-tai*ent* tem-pé-rants␣et sa-ge*s*,
ils vi-vrai*ent* près d'un siè-cle,
c'est-à-di-re cent␣ans.

Questions sur la leçon.

---

1. Prononcez *lè zommes*, comme s'il n'y avait pas d'*h*.

Quand je se-rai grand,
je tra-vail-le-rai beau-coup
a-fin de ve-nir en ai-de
à mes ex-cel-lents pa-rents.
Ils ont é-té si bons pour moi !
Ils ont pris tan*t* de soins
de mon en-fan-ce !
Je ne sau-rais tro*p* m'ap-pli-quer,
dès main-te-nant,
à leur ê-tre a-gré-a-ble
en tou-te*s* cho-*s*e*s*.

O Dieu très bon,
pro-tec-teur de l'en-fan-ce,
ac-cor-dez-moi la grâ-ce
de con-ten-ter tou-jour*s*
mes pa-rents et mes maî-tre*s*,
car c'est ain-si
que je vous ser-vi-rai.

(Continuer à bien faire les liaisons.)

1. Crai gnez [1] Dieu et ob ser vez ses com man de men*ts*.

2. Ne re met ton*s* pas à de main le bien que nous pou von*s* fai re au jour d'*h*ui.

3. Un en fan*t* qui e*st* sa ge e*st* la joie de son pè re; l'en fant_in sen sé e*st* la tris tes se de sa mè re.

4. Les lè vres men teu se*s* son*t*_en a bo mi na tion au Sei gneur, et ce lui qui dit le men son ge pé ri ra.

5. Ne ré pon dez pas_a van*t* d'a voir é cou té, et n'in ter rom pez point u ne per son ne qui par le.

6. U ne bon ne ré pu ta tion vaut mieux que de gran de*s* ri ches se*s*.

7. Il faut_o bé ir à Dieu plu tôt qu'aux_homme*s*.

---

1. *ez = é.*

8. Si vo tre en ne mi a faim, don-
nez-lui à man ger; s'il a soif, don-
nez-lui à boi re.

9   Un en fan*t* qui crain*t* Dieu
vau*t* mieu*x* que mi*l* le qui sont
mé chan*ts*.

10. Ne fai tes poin*t* le mal, et il
ne vous_en ar ri ve ra pas.

11. Ne né gli gez poin*t* de pri er et
de fai re l'au mô ne. — Cha cun se ra
ré com pen sé se lon son tra vail.

12. Ce lui qui crain*t* Dieu se ra
heu reux_à la fin de sa vie, et il
trou ve ra grâ ce au jour de sa mor*t*.

13. L'ou vrier su jet_au vin ne
de vien dra poin*t* ri che. Il mour-
ra à l'hô pi tal.

14. O bé is sez_à vos su pé rieur*s*
et soy ez sou mis_à leurs_or dre*s*.

Nota. — L'élève doit maintenant s'appliquer
sérieusement à répondre aux questions que le
Maître lui adressera sur la leçon. Voir, à ce sujet,
une remarque de l'*Avertissement*, page 4.

1
2   Tous les ma tins,
3 Al ber*t* se lè ve de bon *ne* heu re.
4   Sa ma man ne l'ap pel le
5   ja mais deux fois.
6   Il sait que la pa res se
7   est un vi lain dé faut.
8   Il n'a que six ans,
9 et dé jà il s'*ha* bil le tout seul.
10   Al bert est tou jours
11 de bon *ne hu* meur en se le vant.
12 Rien n'est plus dé sa gré a ble
13 qu'un en fant qui s'é veil le
14   et se lè ve en gro gnant.
15 Quand il ne pou vait pas en co re
16   s'*ha* bil ler seul,
17   Albert ai dait sa ma man
18   au tant qu'il le pou vait,
19   et il n'ou bli ait ja mais
20 de la re mer cier. (Questions sur
    la leçon V, p. 4.)

Be noît ne man que ja mais,
en s'ha bil lant,
de se la ver les mains et le vi sa ge,
Il n'a pas peur de l'eau froi de,
mê me en hi ver.

Aus si, il a tou jours les mains blan ches et le vi sa ge frais.

Il a aus si grand soin de se peigner, et il com men ce à le fai re seul ;

Mais, de temps en temps, il prie sa ma man de lui ai der ;

Et sa ma man s'em pres se de le fai re.

On dit qu'il y a des en fants qui n'ont pas soin de se la ver ni de se pei gner.

On dit mê me que quel ques-uns ne veu lent pas qu'on les pei gne.

Je ne puis le croi re, tant ce se rait vi lain. (Questions sur la leçon V, page 4.)

Aus si tôt qu'il est ha bil lé,
la vé et pei gné,
Char les se met à ge noux
et ré ci te la pri è re du ma tin.
Il la sait par cœur tout en tiè re
Sa sœur, la pe ti te Hen riet te,
la lui a ap pri se.

Le plus sou vent, il la fait avec el le en pré sen ce de sa ma man.

A près ce la, Char les sou hai te le bon jour à son pa pa et à sa ma man s'il ne les a dé jà vus.

Il em bras se aus si son frè re.

En sui te il va trou ver sa grand'ma man, qui est vieil le et in fir me;

Il l'em bras se et lui de man de si el le a bien dor mi.

Puis il pré pa re ses de voirs du jour.

En fin, Char les dé jeu ne et se tient prêt pour l'heu re de l'é co le.

3.

Voici le petit Delphin qui se rend
à l'é co le, son car ton sur le dos;

Il choi sit le plus beau che min,
a fin de ne pas se sa lir;

Il marche sans s'ar rê ter ni cri er.

Le voi là qui sa lue un mon sieur
qui pas se à cô té de lui.

Ce mon sieur a l'air fort sa tis fait.

C'est que rien ne fait plai sir comme de voir un en fant po li.

On doit saluer les per son nes que
l'on ren con tre, à moins qu'il n'y
ait beau coup de mon de;

A lors, on ne sa lue que les per-
son nes de sa con nais san ce et ses
su pé rieurs.

Del phin ar ri ve de vant la cour
de l'é co le; il y en tre,

Car l'heu re va bien tôt son ner,
l'heu re de l'en trée

Eu gè ne est_un bon _é co lier.

Que faut-il donc fai re à l'é co le pour è tre bon é co lier?

Le voi ci; voi ci ce que fait Eu gè ne:

Il ne man que ja mais_à l'é co le, et s'y rend_à l'heu re pres crite;

Sa per son ne et ses ha bits **sont** tou jours pro pres;

Ses ca hiers, ses li vres, ses plu mes sont en or dre dans son car ton, et par fai te ment te nus;

Il ne les_ou blie ja mais.

Tant que du re la clas se, il **ne** s'oc cu pe que de ses de voirs;

Il é cou te at ten ti ve ment ce que dit le maître, et ja mais il ne cau se a vec ses voi sins.

Aus si il fait des pro grès, mé ri te des ré com pen ses et n'est ja mais pu ni.

Le dimanche, Félix ne manque jamais de se rendre à l'église pour y assister aux offices;

Il arrive toujours un peu avant que l'office commence.

Le voilà qui entre; il fait avec attention le signe de la croix.

Il marche posément et va se placer sans déranger personne;

Il ne s'assied qu'après avoir fait à genoux une courte prière.

Félix ouvre son livre, et, tant que dure l'office, il en suit les prières avec dévotion.

Jamais on ne le voit causer, se dissiper, rire ou se retourner.

Il se lève et s'agenouille quand il le faut et sans qu'on le lui dise

Enfin sa posture est toujours très convenable.

Quand je vais chez la petite Geneviève, je la trouve toujours son catéchisme à la main.

Lorsqu'elle ne savait point encore lire, elle priait sa maman de lui apprendre sa leçon.

Elle apprend aussi l'Évangile.

Geneviève sait toujours ses leçons pour les réciter à l'école.

Aussi elle les récite sans faute à l'église, et elle reste la première de sa division.

Quand M. le Curé l'interroge, elle se lève respectueusement et répond avec modestie.

Geneviève écoute attentivement les explications que l'on donne du catéchisme.

C'est pour cela qu'elle répond si bien quand on l'interroge.

Nos supérieurs, les supérieurs de tous les enfants,

Ce sont spécialement ceux **qui** sont chargés de notre éducation.

C'est d'abord M. le Curé, qui nous enseigne la religion, et nous en procure les bienfaits ;

C'est le Maître près duquel nos parents nous placent à l'école.

Nous devons les respecter et leur obéir com*me* à nos parents.

Ils nous por*tent* le plus grand intérêt ; ils travail*lent* et se fati**guent** pour nous instruire.

Nous devons leur en savoir gré et avoir en eux toute confiance.

Ce serait commettre l'impolitesse la plus grave que de manquer à les saluer quand nous les rencontrons.

J'ai dîné aujourd'hui avec le petit Henri, chez son papa.

Il se tient fort bien à table.

D'abord il s'est placé sans bruit sur la chaise qu'on lui a indiquée;

Puis il a récité le Bénédicité, et il a attendu, sans rien dire, qu'on lui ait servi quelque chose.

Un enfant ne doit rien demander à table, si ce n'est du pain quand il en manque.

Il doit remercier poliment chaque fois qu'on lui rend quelque service. Henri n'y a pas manqué.

Son couteau et sa fourchette étaient à droite de son assiette, et son pain à gauche.

Il ne s'est pas renversé sur sa chaise, ni trop appuyé sur la table.

On dit que Jus tin est un bon é co lier,

Mais n'ai me-t-il point trop à jouer?

Non, car Jus tin joue de tout son cœur quand il est en ré cré a tion;

Mais il é tu die de même quand il est à l'é tu de.

Jus tin ne se que rel le point au jeu a vec ses ca ma ra des.

Il ne joue que pour s'a mu ser, se ré jou ir,

Et non pour se cha gri ner, se bat tre ou dé chi rer ses ha bits.

Il ne man que pas de ca ma ra des pour jouer ; tous veu lent_être de ses par ties,

Par ce qu'il choi sit tou jours les jeux les plus a mu sants, et qu'il ne se fâ che ja mais.

Jus tin ne met point d'ar gent au jeu ; je n'y en met trai pas non plus.

Léon et Myrtil sont presque toujours ensemble,

Mais on ne les voit jamais avec
les petits garçons qui courent les
rues,

Avec ceux qui désobéissent à
leurs parents, se battent ou se disent des injures.

J'irai avec Léon et Myrtil; je
les engagerai à venir jouer avec
moi, papa me le permet;

Mais il me défend d'aller avec
les enfants méchants, qui ne se
réunissent que pour faire du mal.

Je donnerais lieu de penser que
je suis méchant comme eux.

Et je le deviendrais bientôt,
car ma grand'maman cite un vieux
proverbe bien vrai :

Dis-moi qui tu hantes, je te dirai
qui tu es.

4.

C’est au jour d’hui jeu di, c’est le jour de con gé.

Nu ma passe la jour née a vec ses frè res et sœurs;

Il va aus si quel que fois chez sa tan te et joue a vec ses cou sins;

Mais il ne sort ja mais sans en de man der la per mis sion.

U ne au tre fois ce sont ses cou-sins qui vien nent chez lui;

A lors il se mon tre fort com plai-sant à leur é gard, et leur prè te tous ses jou joux.

S’il a quel ques fri an di ses, il les par ta ge a vec eux de bon cœur.

Nu ma ne joue pas tou te la jour-née; il é tu die ses le çons et pré pa re ses de voirs pour le len de main.

Et si ses pa rents lui com man dent quel que cho se, il s’em pres se de leur o bé ir. — (Questions sur la leçon.)

Octave est toujours avec son petit frère Paul.

Un frère est un camarade que le bon Dieu nous a donné.

Nous devons l'aimer de tout notre cœur, le protéger en toute occasion, et lui donner bon exemple.

Si l'habit de notre frère est plus beau ou plus neuf que le nôtre, n'en soyons point jaloux :

Une autre fois, ce sera le nôtre qui sera plus joli que le sien.

Octave a encore un frère et une sœur plus âgés que lui.

Il est docile avec eux com*me* avec son papa et sa maman;

Il obéit à tous indistinctement.

Aussi, quand il a besoin de quelque chose, c'est à qui lui rendra service ; et ainsi tous sont heureux, les parents et les enfants.

Re né vient de li re sans faute
deux pa ges de son li vre;

Il sait aus si très bien sa le çon
de ca té chis me, et il a rap por té
hier la croix de l'école.

Ain si il va al ler se pro me ner
a vec sa ma man.

Le voi là qui sort; voy ez com me
il est heu reux et content, et cela
sans cou rir ni sau ter.

Une da me salue sa ma man; René
ôte po li ment sa cas quet te.

Plus loin, il ren con tre le pau vre
pe tit I si do re, qui mar che nu-pieds
dans la boue bien froi de.

Et qui va à la fer me vo isi ne
men dier un ver re de lait pour sa
pe ti te sœur.

Son pa pa est mort der niè re ment,
et, de puis lors, sa ma man est ma-
la de.

I si do re est très mal heu reux;
Il a bien froid;
Sans dou te il a bien faim aus si.

Re né s'ar rête:

Ma man, dit-il, je ne vais pas_a voir
faim;

Veux-tu me per met tre de donner au pe tit mal heu reux le gâ teau
qui est dans mon pa nier?

J'ai quel ques sous dans ma bourse;
Au lieu d'a che ter un jou jou,
Je pour rais don ner_à I si do re
u ne pai re de sa bots.

Oui, dit la ma man at ten drie, et
je lui don ne rai u ne pai re de bas.

I si do re man gea le gâ teau; il ne
mar cha plus nu-pieds dans la boue.

Et René fut plus heu reux que s'il
eût *eu* tous les jou joux du mon de.

Car il a vait fait le bien.

Pourquoi le cimetière est-il ouvert tous les dimanches?

Pourquoi va-t-on s'y promener?

On ne va pas se promener au cimetière;

On y va prier et visiter les tombes de ses parents, de ses amis.

Je suis allé au cimetière;

J'y ai vu la petite Camille avec sa sœur aînée.

Ces pauvres enfants se sont agenouillées au pied d'une tombe.

Elles y ont prié longtemps et versé bien des larmes.

C'est la tombe de leur mère...

Nous avons tous quelque tombe à visiter au cimetière.

L'un y a celle de son grand-papa, l'autre celle d'un frère, d'une sœur, d'un camarade.

Oh! je respecterai le cimetière, je m'y tiendrai comme à l'église.

Ursule est seule dans la maison; sa maman est sortie et son papa est au jardin.

Un monsieur et une dame arrivent avec des enfants.

Ursule s'empresse d'ouvrir la porte et salue avec grâce.

Elle dispose des chaises.

Veuillez vous asseoir, dit-elle, je vais appeler papa;

Mais voici maman qui arrive.

Elle s'empresse de débarrasser les enfants de leurs manteaux ou de leurs chapeaux.

Elle met à leur disposition tout ce qu'elle possède de joujoux.

Elle va se promener avec eux dans la cour et dans le jardin;

Elle fait, en un mot, tout ce qui peut être agréable à ses jeunes camarades.

Tous les soirs, après l'école, Xavier se rend exactement à la maison.

En été, lorsque son papa travaille dans les champs,

Il n'a pas de plus grand plaisir que d'aller l'y trouver.

En hiver, Xavier prend place autour de la table où travaillent sa mère et ses sœurs.

Il étudie ses leçons ou fait une lecture dans un beau livre que son parrain lui a donné.

Oh! dit-il à son papa, quand je serai plus grand, quand je saurai écrire et calculer,

C'est moi qui tiendrai ton registre et compterai tes mémoires.

Quelquefois le grand-papa de Xavier raconte une belle histoire.

La soirée se passe gaiement, et personne ne s'endort.

A près le sou per et la pri è re du soir, qui se fait en com mun,

Vic tor sou hai te le bon soir à son pa pa, à sa ma man, et à ceux qui se trou vent dans la mai son ;

Puis, sans qu'on ait be soin de le lui di re, il se rend avec son frère dans l'ap par te ment où est leur lit.

Il aide son frère à se dé sha bil ler et se dé sha bil le lui-même en di li gen ce et a vec mo des tie.

Il ran ge les ha bits de son frère et les siens pour les con ser ver pro- pres, et les re trou ver fa ci le ment.

En sui te il se met au lit.

Et, au lieu de se que rel ler, les deux frè res ré ci tent u ne cour te pri è re.

En fin, a près que leur mè re est venue leur don ner le der nier bai ser, ils s'en dor ment heu reux et tran- quil les.

1. Les enfants dont nous venons de parler se conduisent fort bien.

2. Nous voulons les imiter; et pour cela, voici ce que nous ferons:

3. Nous nous lèverons le matin à l'heure marquée par nos parents.

4. Nous nous habillerons seuls, modestement et promptement;

5. Nous laverons exactement nos mains et notre visage, et nous nous peignerons avec le plus grand soin;

6. Nous souhaiterons le bonjour à nos parents, et nous leur obéirons avec empressement.

7. A l'heure prescrite, nous nous rendrons à l'école sans nous arrêter.

8. Nous saluerons les personnes que nous rencontrerons.

9. Et tout particulièrement nos supérieurs et ceux de nos parents: M. le Maire et M. le Curé.

10. Nous nous con dui rons à l'é co le de ma niè re à mé ri ter les é lo ges de no tre maî tre.

11. Nous re gar de rons l'é gli se com me la mai son de Dieu, et nous nous y tien drons a vec res pect.

12. Nous ap pren drons nos le çons et nous ferons nos de voirs a vec soin.

13. Nous se rons très res pec tu eux en vers nos su pé rieurs, et nous é cou te rons leurs a vis a vec re connais san ce.

14. Nous ne nous mo que rons pas des vieil lards ni des in fir mes, car le bon Dieu nous pu ni rait.

15. Nous se rons com pa tis sants en vers les pau vres et nous tâ cherons de les sou la ger.

16. Nous se rons bons ca ma ra des, et nous ne nous fâ che rons ja mais dans nos jeux.

17. Nous ai me rons ten dre ment nos frè res et nos sœurs.

18.　Nous　n'en tre rons　ja mais
dans quel que mai son que ce soit
sans nous dé cou vrir [1] ;

19. Nous at ten drons, pour re met tre
no tre coi*ff*u re, qu'on nous‿y in vi te
ou que nous soy ons sor tis.

20. A la ta ble, nous au rons u ne
pos tu re con ve na ble, et nous man-
ge rons pro pre ment et mo dé ré ment.

21. Nous ne sor ti rons point de
chez nous sans‿en de man der la per-
mis sion à nos pa rents.

22. Nous n'au rons pour ca ma ra des
que des en fants po lis‿et hon nê tes.

23. Ceux que nos pa rents nous permet tront de fré quen ter, et qu'ils vou-
dront bien lais ser ve nir a vec nous ;

24. Mais nous n'i rons ja mais a vec
les en fants qui di *sent* des in ju res,

25. Ni a vec ceux qui bat t*ent* leurs
ca ma ra des et qui jet t*ent* des pier res.

----

1. Ce numéro, ainsi que le suivant, ne concerne que les garçons.

26. Lorsqu'il viendra quelqu'un chez nous, nous nous montrerons polis et prévenants ;

27. Mais nous ne parlerons que quand on nous interrogera.

28. Et nous n'oublierons jamais de dire, selon le cas, oui, monsieur ; non, madame, etc.

29. Nous ferons exactement nos prières du matin et du soir ;

30. Nous ne manquerons jamais ni à l'école, ni au catéchisme, ni aux offices.

31. Les jours de congé et le soir, après l'école, nous tâcherons de nous rendre utiles à nos parents.

32. Nous nous garderons bien de mentir ; nous avouerons nos fautes et nous en demanderons pardon.

33. Enfin, nous nous efforcerons de contenter nos parents et nos maîtres, et d'édifier nos camarades.

LE BON DIEU [1].

Le bon Dieu est au ciel, en la terre et en tous lieux ;

C'est lui qui nous a donné la vie et qui nous la conserve ;

C'est lui qui nous a donné notre père, qui travaille tous les jours pour nourrir ses petits enfants.

C'est lui qui nous a donné notre bonne mère, qui nous aime tant.

Le bon Dieu voit ce que nous faisons ; il entend ce que nous disons.

Rien ne lui est caché : il connaît jusqu'à nos plus secrètes pensées.

Il voit ce qui se passe dans les ténèbres les plus épaisses.

Et il punira sévèrement ceux qui font le mal.

Mais il récompensera ceux qui l'aiment et qui font le bien.

---

[1] Rappeler la prononciation des diphtongues : *dia, dié, diè, Dieu,* etc. (Voir page 7.)

Le bon Dieu nous a créés pour être heureux dans l'autre vie ;

Mais il veut que nous lui obéissions sur la terre.

Il veut que les enfants aiment bien leurs parents et leurs maîtres ;

Il veut qu'ils soient dociles, obéissants et soumis à leurs supérieurs.

Il veut qu'ils se tiennent parfaitement à l'église et à l'école.

Il veut qu'ils soient toujours attentifs à ce qu'on leur dit, et qu'ils étudient bien leurs leçons,

Et il n'aime point les enfants indociles et inappliqués ;

Ni ceux qui jouent et qui babillent sans cesse ;

Ni ceux qui disent des injures à leurs camarades ou qui font du mal avec eux.

Dieu peut faire tout ce qu'il veut, mais il ne veut pas le mal [1].

____

(1) S'il permet qu'il nous en arrive, c'est qu'il veut nous éprouver

Tout ce que nous voyons n'a pas toujours existé :

Autrefois, le soleil n'éclairait point la terre pendant le jour.

La lune et les étoiles n'étaient pas visibles durant la nuit ;

La terre elle-même ne produisait ni arbres, ni fleurs, ni fruits.

Dieu seul était, parce qu'il a toujours existé.

C'est le bon Dieu qui a créé le ciel et la terre, en six jours :

Le premier jour il fit la lumière, qu'il sépara d'avec les ténèbres ;

Le second jour, il créa le firmament, qu'il appela ciel ;

Le troisième jour, Dieu rassembla les eaux qui étaient répandues sur la terre et forma les mers ;

Ensuite il commanda à la terre de produire les arbres et les plantes :

Aussitôt la terre, auparavant toute nue, se couvrit de verdure ;

Le quatrième jour, Dieu créa le soleil, la lune et les étoiles, et il les mit dans le firmament;

Le cinquième jour, il créa les poissons qui nagent dans l'eau, et les oiseaux qui volent dans l'air;

Le sixième jour, Dieu créa les animaux et toutes les bêtes de la terre,

Depuis le cheval et le lion jusqu'au plus petit insecte.

A la fin du sixième jour, Dieu forma l'homme à son image et à sa ressemblance.

Enfin le septième jour, Dieu se reposa, c'est-à-dire qu'il cessa de produire de nouvelles créatures.

C'est en mémoire de ce repos de Dieu que nous devons sanctifier le saint jour du dimanche:

On sanctifie le dimanche en s'abstenant de travailler,

En assistant aux offices divins, et en priant Dieu, qui est si bon pour nous.

Le pre mier hom me créé de Dieu s'ap pe lait Adam.

La pre miè re fem me se nom mait E ve.

Adam et Ève a vaient été pla cés dans un ma gni fi que jar din qu'on ap pel le le pa ra dis ter res tre.

Ce lieu é tait plan té d'ar bres beaux à la vue, et char gés de fruits dé li cieux.

Au milieu é taient l'ar bre de vie et l'ar bre de la sci en ce du bien et du mal.

Dieu a vait dé fen du à nos pre miers pa rents de man ger du fruit de ce der nier.

Si tu en man ges, dit Dieu à A- dam, tu mour ras.

Ce pen dant E ve, trom pée par le dé mon, man gea du fruit dé fen du;

El le en présen ta en sui te à Adam, qui en man gea pa reil le ment.

Aus si tôt leurs yeux fu rent ou verts, et ils re con nu rent qu'ils é taient nus.

Et Dieu dit à la fem me:

Puis que tu m'as dé so bé i, je mul ti plie rai tes maux:

Tu en fan te ras dans la dou leur et tu se ras dé pen dan te de ton mari.

Puis il dit à A dam: Par ce que tu as é cou té la voix de ta fem me, la ter re se ra mau di te à cau se de toi;

Tu n'en ti re ras cha que jour ta nour ri tu re qu'a vec un grand tra vail:

Tu man ge ras ton pain à la sueur de ton front,

Jus qu'à ce que tu retour nes dans la ter re d'où tu as é té ti ré;

Car tu es pous siè re, et tu re tour ne ras en pous siè re; tu mour ras.

Et le Sei gneur re vê tit A dam et E ve de peaux d'a ni maux, et les chas sa du pa ra dis ter res tre.

Cet te his toi re nous mon tre que la dé so bé is san ce est un grand pé ché aux yeux du bon Dieu;

Il ne faut donc point ê tre déso bé is sants. — (Résumer la lecture.)

Adam et Ève *eu*rent d'abord deux fils, Caïn et Abel.

Le premier était laboureur, le second pasteur de brebis.

Caïn, qui était méchant et avare, n'offrait à Dieu que ce qu'il avait de plus mauvais.

Abel, au contraire, était bon et généreux;

Il offrait à Dieu ce qu'il avait de meilleur parmi ses agneaux.

Dieu aimait Abel et méprisait Caïn.

Caïn voyant que ses présents n'é*taient* pas agréés du Seigneur, entra dans une grande colère.

Il conçut de la haine et de la jalousie contre son frère.

Le Seigneur lui dit : Pourquoi ce chagrin? Si tu faisais le bien, n'en recevrais-tu pas la récompense?

Mais Caïn resta sourd à l'avertissement de Dieu

Un jour il dit à Abel : Viens avec moi dans les champs;

Et, quand ils y fu rent, il se je ta sur son frè re et le tua.

Mais Dieu lui dit : Où est A bel?

Ca ïn ré pon dit in so lem ment : Je ne sais pas; suis-je le gar dien de mon frè re?

Mal heu reux! qu'as-tu fait? dit le Sei gneur; le sang d'A bel crie vers moi...

Tu se ras mau dit et va ga bond sur la ter re qui a bu le sang du jus te.

Et Ca ïn, ayant pris la fui te, me na loin d'A dam et d'Ève u ne vie empoi son née par le re mords.

Il ne faut point i mi ter Ca ïn.

Il faut, au con trai re, ai mer tendre ment ses frè res et ses sœurs, et cher cher à leur ê tre a gré a ble.

Dieu nous pu ni rait si nous faisions le moin dre mal à nos frè res, à nos sœurs ou à nos ca ma ra des.

A dam eut un   troi siè me fils, nommé Seth.

Les en fants de Seth s'é tant u nis à ceux de Ca ïn, ils de vin rent tous mé chants.

Car on   de vient tou jours mé chant quand on fré quen te de mau vai ses com pag nies.

Il n'y a vait donc plus qu'un hom me jus te sur la ter re ; c'é tait No é.

Dieu lui dit : J'ai ré so lu de dé trui re le gen re hu main, qui a ou bli é ce que j'ai fait pour lui.

Fais-toi une ar che de bois de cè dre, lon gue de trois cents cou dées, hau te de tren te, et lar ge de cin quan te.

No é e xé cu ta les or dres du Sei gneur, et mit cent ans à con strui re l'ar che.

Mais les hom mes ne se cor ri gè rent point, quoi qu'ils sus sent bien ce qui de vait ar ri ver. ——(Résumer la lecture.)

Et Dieu dit à No é : Entre dans l'ar che, toi et ta fa mil le ;

Fais-y en trer aus si plu sieurs couples de cha que es pè ce d'a ni maux.

No é en tra dans l'ar che, et la pluie tom ba pen dant qua ran te jour et qua ran te nuits ;

Les eaux s'é le vè rent de quin ze cou dées au-des sus des plus hau tes mon ta gnes.

Tout le mon de pé rit, même les petits en fants et leurs mè res.

Il n'y eut de sau vés que No é et sa fa mil le, qui é taient dans l'ar che.

Car le grand vais seau flot tait sur les eaux, et il ne fut point sub mer gé.

Au bout d'une an née, No é sor tit de l'arche et en fit sor tir les a ni maux.

Cette his toi re nous ap prend que Dieu ne lais se ra pas im pu nis les pé chés des hom mes ;

El le nous mon tre aus si que Dieu récom pen se la ver tu, même dès cet te vie.

Noé avait trois fils : Sem, Cham et Japhet.

Après le déluge, Noé et ses enfants élevèrent un autel au Seigneur.

Ils le remercièrent de leur avoir conservé la vie.

Puis ils se mirent à cultiver la terre avec ardeur.

Noé planta la vigne et fit du vin.

Il en but avec excès et s'enivra.

Mais il ne pécha point, car il n'en connaissait pas la force.

En dormant dans sa tente, il se trouva découvert par hasard;

Et Cham, son fils, qui l'aperçut le premier, se moqua de lui.

Puis il appela ses frères pour rire avec eux de l'état de leur père.

Mais Sem et Japhet n'imitèrent point Cham; au contraire,

Ils prirent un manteau et couvrirent, sans la voir, la nudité de leur père.

A son réveil, Noé apprit ce qui s'était passé :

Il maudit Chanaan, fils de Cham, et il bénit la postérité de Sem et de Japhet.

Et Dieu ratifia la sentence de Noé.

Chanaan fut l'esclave de ses frères; il leur fut soumis en tout,

Et, aujourd'hui même, les pauvres nègres, qui descendent de Chanaan, sont les plus malheureux des hommes.

Ils semblent encore subir le châtiment que Cham avait mérité pour s'être moqué de son père.

Dans quelque circonstance que ce soit, un enfant ne doit jamais se moquer de ses parents.

Dieu a promis une longue vie à ceux qui aiment et qui respectent les auteurs de leurs jours.

Tes père et mère honoreras,

Afin de vivre longuement, dit le 4e commandement de Dieu.

A près le dé luge, les hom mes redevin rent méchants.

Ils ou bli è re*nt* en co re ce lui qui les a vait cré és.

C'est pourquoi Dieu ap pe la, c'est-à-di re choi sit A bra ham pour ê tre le chef d'un nou veau peu ple.

A bra ham fit tout ce que Dieu lui com man dait.

Il quit ta son pays[1] et ses pa rents pour o bé ir à Dieu.

Et Dieu, pour le ré com pen ser, lui don na un fils ap pe lé I sa ac.

Quand I sa ac fut grand, Dieu or don na à A bra ham de le fai re mou rir.

Car il vou lait é prou ver la foi du saint pa tri ar che.

A bra ham ne mur mu ra point con tre l'ordre de Dieu.

Il é tait sur le point d'im mo ler son fils lors qu'un an ge lui cri a du haut du ciel :

____

1. Prononcez *pai-is*. Précédé d une voyelle, *y* $=$ deux *i*.

Abraham, Abraham, ne frappe pas l'enfant, et ne lui fais aucun mal

Je vois maintenant que tu crains Dieu,

Puisque, pour m'obéir, tu n'as pas épargné ton fils unique.

Ta postérité sera nombreuse comme les étoiles du ciel; tu deviendras le chef d'un grand peuple.

Et en toi seront bénies toutes les nations de la terre.

Ce qui signifiait que de sa postérité naîtrait le Sauveur promis à nos premiers parents.

Isaac eut deux fils: Ésaü et Jacob.

Et Jacob fut le père des douze patriarches.

C'est ainsi que Dieu récompensa la foi et la piété d'Abraham;

C'est ainsi qu'il récompensera les enfants obéissants,

Car l'obéissance est une vertu très agréable à Dieu.

Joseph était un des fils de Jacob.

Il fut vendu par ses frères et conduit en Égypte;

Il devint premier ministre du roi.

Une grande famine étant survenue dans le pays de Chanaan,

Les frères de Joseph allèrent en Égypte pour acheter du blé.

Et Joseph les reconnut.

Il aurait pu se venger du mal qu'ils lui avaient fait;

Il aurait pu les jeter en prison et les faire mourir.

Il aima mieux leur pardonner.

Il ne leur fit aucun reproche; au contraire,

Il les traita avec bonté, et les engagea à venir demeurer auprès de lui.

Il leur dit d'amener avec eux son père Jacob et ce qu'il possédait;

Et surtout de ne point oublier le petit Benjamin, le plus jeune de ses frères

Appelé par Joseph,

Jacob vint donc s'établir en Égypte avec ses enfants;

Il revit son fils chéri, qu'il croyait mort depuis longtemps;

Il l'embrassa tendrement et le combla de bénédictions.

Et Joseph présenta son père au roi, qui le reçut fort bien.

Et la famille de Jacob vécut heureuse en Égypte.

Suivant la promesse du Seigneur, elle devint un grand peuple,

Et, au bout de quatre cents ans, Dieu conduisit ce peuple dans la terre promise à Abraham.

Mais il avait voulu récompenser la vertu de Joseph,

Parce qu'il avait généreusement pardonné à ses frères le mal qu'ils lui avaient fait autrefois.

Nous devons tous suivre l'exemple de Joseph. — (Résumer l'histoire.)

Le pe tit Sa muel était le fils d'u ne pau vre fem me nom mée An ne.

Sa mè re a vait pro mis de le con sa crer à Dieu.

Dès qu'il eut trois ans, el le le pré sen ta au grand-prê tre ;

Et com me Sa muel é tait fort sa ge, le grand-prê tre l'ai mait beau coup.

Sa mè re ve nait le voir tous les ans et lui ap por tait u ne pe ti te tu ni que qu'il por tait aux jours de fê te.

Il ser vait tous les jours le grand-prê tre dans le ta ber na cle,

Et, la nuit mê me, il re po sait dans un ap par te ment vo isin de ce lui du pon ti fe.

Cet ai ma ble en fant crois sait en â ge et en ver tu ;

Il é tait aus si a gré a ble à Dieu qu'aux hom mes ;

Et quand le grand-prê tre fut mort, Sa muel lui suc cé da. (Questions sur la leçon.)

La vil le de Bé thel était si tuée sur une hau teur.

Le pro phè te É li sée s'y ren dit un jour ;

Il ren con tra en che min des enfants qui é taient sor tis de la ville ;

Ces en fants é taient mé chants ;

Ils a vaient un mau vais cœur.

Le saint pro phè te é tait vieux et a vait la tê te tou te nue ;

Il a vait beau coup de pei ne à gravir la col li ne.

Au lieu de le sou la ger, les méchants en fants se mo quaient de lui :

Mon te, chau ve, lui di saient-ils, mon te à la vil le

É li sée mau dit ces en fants inso lents,

Et aus si tôt deux ours sor ti rent d'un bois voi sin et en dé vo rè rent qua ran te-deux.

Voi là u ne ter ri ble pu ni tion.

Il faut res pec ter les vieil lards.

Il y a vait un saint hom me qui s'ap pe lait To bie.

Il a vait ai mé le Sei gneur dès sa plus ten dre en fan ce.

Ce pen dant, pour é prou ver sa ver tu, Dieu per mit qu'il de vînt aveu gle pour quel que temps.

Se croy ant près de mou rir, il ap pe la son fils et lui dit :

Mon fils, é cou te mes pa ro les et con ser ve-les dans ton cœur :

Lors que Dieu au ra reçu mon âme, en se ve lis mon corps.

Ho no re ta mè re tous les jours de ta vie, car elle a bien souffert pour toi.

Sois cha ri ta ble au tant que tu le pour ras, et ne dé tour ne point ton vi sa ge du pau vre,

A fin que Dieu ne dé tour ne point de toi ses re gards.

Don ne beau coup si tu as beau coup et peu si tu as peu, mais de bon cœur.

(Expliquer ces conseils.)

Ne souffre point que l'orgueil domine dans tes pensées ou dans tes paroles,

Car c'est par l'orgueil que tous les maux ont commencé.

Ne fais pas à autrui ce que tu serais fâché que l'on te fît à toi-même.

Paye à l'ouvrier ce qui lui est dû, et que son salaire ne reste jamais entre tes mains.

Demande toujours conseil à un homme sage.

Bénis Dieu en tous temps,

Et prie-le qu'il te conduise en tous tes desseins.

Tobie ajouta : Nous sommes pauvres, mon fils, mais nous aurons beaucoup de bien si nous craignons Dieu.

Mon père, dit le jeune Tobie, je ferai ce que vous m'avez commandé.

C'est ainsi que les enfants doivent faire eux-mêmes, s'ils veulent être aimés de Dieu et des hommes.

Le soleil se lève le matin ; il monte dans le ciel jusqu'à midi ;

Il redescend jusqu'au soir et se couche.

Alors le jour finit, et la nuit commence.

Le milieu de la nuit se nomme minuit, comme le milieu du jour se nomme midi.

De minuit [1] à midi, c'est le matin ;

De midi à minuit, c'est le soir.

D'un minuit [1] à l'autre, il y a vingt-quatre heures.

L'aiguille de l'horloge fait deux fois le tour du cadran pendant ce temps, qu'on appelle un jour.

Une heure vaut soixante minutes, une demi-heure en vaut trente, et un quart d'heure en vaut quinze.

La semaine commence le dimanche et finit le samedi.

Elle est de 7 jours : dimanche, lundi, mardi, mercredi, jeudi, vendredi, samedi.

---

1. On fait la liaison entre deux mots quand le premier finit par une consonne (b, c, d, etc.), et que le suivant commence par une voyelle ou une h muette. Les voyelles sont a, e, i, o, u, y. Toutes les autres lettres sont des consonnes.

Il y a douze mois: janvier, février, mars, avril, mai, juin, juillet, août, septembre, octobre, novembre, décembre.

Les mois ont 30 ou 31 jours; février n'en a que 28 ou 29.

Les douze mois font un an ou une année.

L'année est de trois cent soixante-cinq jours, c'est à peu près 52 semaines.

Tous les quatre ans, l'année a trois cent soixante-six jours et se nomme année *bissextile*.

C'est alors que le mois de février a 29 jours.

Il y a dans l'année 4 saisons de chacune 3 mois: le printemps, l'été, l'automne et l'hiver.

En été, les jours sont très longs et il fait chaud; en hiver, les jours sont très courts et il fait froid.

Le printemps est la saison des fleurs, et l'automne est la saison des fruits.

Cent ans font un siècle.

Nous comptons les années à partir de l'époque où N.-S. J.-C. est venu sur la terre, il y a mil huit cent... ans.

Le laboureur cultive les champs;

Il récolte les fourrages, l'orge, l'avoine, etc., pour nourrir les animaux;

Le chanvre et le lin, dont l'écorce sert à faire des cordages et de la toile;

Le colza, dont on écrase la graine pour en extraire l'huile de nos lampes;

Enfin le blé, dont on fait le pain, notre nourriture de tous les jours.

Quand le blé est battu, on le porte au moulin, chez le meunier.

Le meunier écrase les grains de blé entre deux grandes meules de pierre.

Le blé moulu donne la farine.

Avec la farine, le boulanger fait du pain.

Le cultivateur élève les animaux domestiques, savoir:

Le cheval, qui traîne les voitures et tire la charrue avec le bœuf;

La vache, qui nous donne du lait dont on fait le beurre et le fromage;

Les moutons, dont la toison ou la laine sert à nous faire des vêtements chauds pour l'hiver;

Les volailles, qui nous donnent des œufs, et dont la chair est délicieuse.

Les principaux oiseaux de la basse-cour sont les poules, les canards, les oies et les dindons.

Quand le bœuf, la vache et les moutons sont gras, le cultivateur les vend au boucher ;

Le boucher les tue et en vend la viande.

La peau des animaux sert à faire le cuir.

C'est avec le cuir que le cordonnier nous fait des souliers et des bottes.

La belle profession que celle d'agriculteur !

Elle nous fournit ce qui nous est nécessaire pour la nourriture et le vêtement.

C'est certainement la plus utile de toutes les professions ; c'est aussi la plus ancienne.

Pour que la terre produise le blé et les autres plantes, il faut que le laboureur en sème la graine dans la terre.

Mais qui fait germer la graine et croître les plantes ? C'est le bon Dieu.

Aimons donc le bon Dieu, qui nous donne tant de biens.

Le tailleur et la couturière font nos habits.

Le chapelier fabrique ou vend des chapeaux et des casquettes.

Le maçon bâtit des maisons, et les charpentiers en font la charpente;

Le couvreur en fait le toit ou la couverture;

Le menuisier fait les portes, les croisées, les persiennes; et le serrurier les ferre et met les serrures et les verrous.

Le maréchal ferre les chevaux.

Le sellier fait les harnais et les voitures.

Le charron fait les chariots et les charrues.

Le tonnelier fait des tonneaux, des baquets, des brocs et des seaux.

Le ferblantier fait des arrosoirs, des lanternes, des entonnoirs, des lampes, etc.

L'ébéniste fait des meubles.

L'orfèvre travaille l'or et l'argent, et vend des montres et des bijoux.

Le pharmacien prépare les remèdes.

Le pâtissier fait des gâteaux, et le confiseur des sucreries. — Les aimez-vous?

PARIS. — IMPRIMERIE CHAIX (S.-O.). — 2.082-6.